PARFAIT ACCORD

DES

PAROLES ET DE LEUR ÉCRITURE,

INDIQUÉ PAR DES TILDES (a) OU SIGNES AUXILIAIRES,

SANS NÉCESSITER AUCUNE MODIFICATION DANS L'ORTHOGRAPHE.

Ce travail commencé en avril 1833, fut favorablement accueilli par la Société des Arts du Mans, dans sa séance du 20 novembre de la même année. On devait le terminer de suite, mais la mort d'un collaborateur fit ajourner cette opération, qui n'a été achevée et adoptée par la Société, que le 8 août 1837. Des difficultés typographiques occasionèrent de nouveaux retards, nous les avons mis à profit, pour coordonner ce petit ouvrage avec la sixième édition du dictionnaire de l'Académie, et avec les ouvrages les plus récents qui traitent de la prononciation.

(a) Voir la première note à la fin de la Théorie.

ABRÉVIATIONS

Indiquant la page et l'édition des ouvrages consultés.

AF. Appel aux Français par Marle, édition de. . . . 1829
CD. Citolégie de Dupont. 1834
D. Dictionnaire de l'Académie française, 6.ᵉ édition 1835
DA. Dictionnaire de Danet. 1707
DC. Dictionnaire de Catineau. 1802
DD. Dictionnaire des Dictionnaires de Darbois. . . . 1830
DE. Dictionnaire de l'Académie Espagnole. 1803
DF. Dictionnaire Français de Lemare. 1820
DL. Dictionnaire de Landais, 3.ᵉ édition. 1837
DN. Dictionnaire de Noël et Chapsal, 3.ᵉ édition. . . 1832
DV. Dictionnaire de Vosgien. 1793
GA. Grammaire Allemande de Gottsched. 1794
GE. Grammaire Espagnole de Ruéda-Léon. 1797
GG. Grammaire des Grammaires, 4.ᵉ édition. 1819
GL. Grammaire de Landais. 1835
GN. Grammaire de Noël et Chapsal. 1836
ML. Méthode de lecture de Peigné. 1836
MN. Méthode naturelle de lecture par Herpin. 1833
NP. Prononciation et Nouvelle prosodie de Mᵐᵉ Dupuis 1836
PL. Parfait lecteur de Radiguel. 1837
TP. Traité de la prononciation par Dubroca. 1824
W. Grammaire de Wailly, 9.ᵉ édition. 1782

Note (texte vertical dans la marge) : Les chiffres mis après ces abréviations indiquent les pages des ouvrages, le volume est désigné par le nombre des points mis après les chiffres.

INTRODUCTION.

Les nouveaux syllabaires présentent tous quelques améliorations : les uns adoptent la *nouvelle appellation* des
lettres (CD ix, ML vii et MN 19.) (*) inutilement prônée
vers 1774 dans la grammaire de Port-Royal ; d'autres changent l'*ordre alphabétique* pour le coordonner au jeu successif des organes de la voix (MN 18, PL 8) : ceux-ci placent les *voix nasales* au nombre des voyelles (MN 7. TP 27):
ceux-là présentent des séries de *diphthongues consonnes* ou
consonnes inséparables (CD 18, 42, NP 35, 214) dont
dérivent les règles de la syllabisation (b) : quelques-uns
établissent qu'une voix n'est régulièrement représentée que
par une consonne et une voyelle (CD 68, MN 15.), ce qui
force de supposer une **H** devant la voyelle initiale d'un
mot, et un *Schéva* (CD 68, 69 et 86) ou un **E** insensible
(GN 69) après chaque consonne sonore qui n'est pas suivie
d'une voyelle : quelques auteurs reconnaissent des *voyelles
consonnes* (PL 38, 52) : d'autres des *lettres accents* (**NP**
79) : d'autres des *lettres blanches* (**) ; enfin la *suppression
de l'épellation* (ML iii, MN 9.) trouve beaucoup de partisans qui disent, avec raison, que la parole est représentée
par des syllabes et non par des lettres. Toutes ces considérations isolées ne satisfont pas, on espère toujours que, parmi les nouveaux ouvrages qui se succèdent rapidement, on
rencontrera un travail complet.

\ Cette grande quantité d'ouvrages annonce-t-elle l'épuisement des combinaisons de l'art de s'exprimer (D ix)
et la déconstruction (D xi) de la langue ? ou bien indique-

(*) Voir le tableau des abréviations.

(**) Dans les tableaux de Peigné, destinés aux écoles primaires, les
lettres qui ne doivent pas se prononcer, sont indiquées par des lettres
blanches.

t-elle une force progressive tendant vers le perfectionnement ? Dubroca dit (TP iv) « C'est toujours par la pro-
« nonciation que commencent les altérations d'un idiome,
« altérations qui, bien qu'insensibles d'abord, finissent par
« changer les formes du langage. » Le passé nous assure
que les modifications du langage sont continuelles ; les anciens manuscrits révèlent une multitude de changements
dans la prononciation ainsi que dans l'orthographe : depuis
1440 l'impression constate le nombre toujours croissant de
ces changements, ainsi que la série progressive qui s'en
continue depuis 1790. Quelques lexicographes attribuent
ces changements soit au fréquent usage des mots, qui
en altère la prononciation (NP 128, 194) ; soit à l'inat-
tention des *orthographistes* (NP 64, 108) ; soit à l'habitude
qui a conservé diverses lettres dans l'orthographe de quelques mots, dont la prononciation a changé (GG 36
GL 188). Ces détails sont peu propres à fixer nos idées sur
l'altération ou le perfectionnement du langage.

Chacun croit que l'Académie et l'Université ont le pou-
voir de donner à ce·mouvement une direction salutaire.
Landais dit (GL 19) « Nous devons considérer l'Académie
« comme l'aréopage de la langue ; les hommes de lettres
« peuvent accueillir les heureuses innovations qui doivent
« être protégées, et leur offrir le droit de cité » en attendant
leur naturalisation : ne doit-on pas ajouter ? *Mais en ayant
soin de se défendre de tout changement partiel, qui dans
l'ensemble de l'idiome ne serait qu'une nouvelle bizarrerie,
rendant les précédentes plus difficiles à rectifier.*

Pour prévenir la corruption du langage (D ix), pour
faire accueillir des améliorations rationnelles, pour ne pas
brusquer les habitudes nationales (*), et pour amortir cette

(*) Landais dit (GL 19), Marle a été trop loin et surtout trop vite.

tendance à l'altération des voix, ne pourrait-on pas, sans anéantir le néologisme (NP lj), le modérer au moins et conserver ainsi la prononciation, en fixant l'état actuel de l'orthographe. Alors l'écriture pourrait long-temps représenter avec exactitude les mêmes voix : ce serait un grand service rendu aux instituteurs de nos frontières, ainsi qu'à ceux des populations isolées de nos campagnes et de nos colonies : ce serait un acheminement pour l'uniformité du langage, en attendant que tous les instituteurs pussent avoir les mêmes livres classiques, et que les autorités littéraires eussent reconnu une grammaire nationale (TP v, 35).

Nous espérons parvenir à ce but sans modifier l'orthographe ni la prononciation actuelle ; nous nous bornons à les classer dans un ordre rationnel, et nous signalons par des tildes les différentes valeurs des lettres, y compris celles qualifiées de *dormantes* (GG 898) que l'orthographe maintient dans l'écriture.

Il est facile de remarquer : 1.º Qu'en traitant des éléments de la lecture, nous ne pourrons nous occuper que des intonations du langage familier et non de la déclamation ; 2.º Qu'en parlant de toutes les voix et articulations, nous nous bornerons à citer quelques mots pour en faire l'application.

Nous admettrons que toute voix n'est, théoriquement, bien représentée, que par le concours d'une consonne et d'une voyelle (CD 37, 102. PL 8). Nous ne reconnaissons, avec l'Académie que trois espèces d'E sonores : nous donnons la qualification d'élémentaire à celui qui est toujours sans accent ; l'Académie le nomme E muet, Catineau l'appelle E guttural. Cet E peut être plus ou moins bref, plus ou moins long, ainsi que toutes les autres voyelles ; c'est ce qu'on appelle *quantité* (GG 70) ; il peut avoir d'autres dénominations, comme E faible, E féminin, E demi-muet

(NP 33, 35); nous ne nous occuperons pas de ces distinctions qui pourraient embrouiller la mémoire (NP 222) des élèves, et que nous ne croyons importantes que dans le discours soutenu. Nous considérons comme valeurs accidentelles de l'E, celles qui sont indiquées par des tildes ou par quelque règle spéciale, comme celle relative à la nasalité: elle donne à l'E dans *Mendès* (DL) le son que prend l'I dans *Benjamin* (c).

Quelques rapprochements faits entre les langues Italienne, Espagnole et Française, nous ont facilité les moyens de rendre rationnelle l'écriture des voix mouillées.

Nous présentons ici le complément des signes accessoires de l'écriture; leur usage doit prévenir toute incertitude : 1.° Dans la valeur des syllabes considérées, soit dans les mots isolés, soit dans ceux qui ont entre eux des rapports intimes; 2.° Dans la lecture du latin, ainsi que des noms extraits des langues étrangères. Nous conservons les anciens signes dans leurs fonctions, mais nous augmentons rationnellement les attributions du plus grand nombre, et nous leur adjoignons cinq nouveaux signes, ce qui porte leur nombre total à quinze. Nous faisons usage de quelques règles bien fixes, et déduites de ce qui a déjà été porté à la connaissance des élèves. Ces moyens suffisent pour indiquer la vraie prononciation de tout ce qui s'écrit en français, sans avoir recours au grec, ni au latin, ni à des considérations grammaticales qui sont nécessairement étrangères aux faibles connaissances des élèves. Ce système s'accorde avec celui de plusieurs nouveaux ouvrages qui, pour éviter un grand nombre de règles suivies d'une multitude d'exceptions (NP 61), recommandent de consulter de bons dictionnaires (GL 22, 26, 30, 35, 39, 150), mais il faut surtout consulter ceux dont l'orthographe et la prononciation ne changent pas à chaque édition (W 511).

L'écriture étant devenue propre à représenter exactement la parole, les détails relatifs à la prononciation et à l'orthographe pourront ne plus faire partie de la grammaire qui alors sera considérablement simplifiée.

Nous conservons l'ancien ordre *alphabétique* et son *appellation*, nous considérons cette dernière comme le nom propre des lettres ; leur valeur est exprimée par la nouvelle appellation ; cette distinction, adoptée par Radiguel, concilie tout : le C, le K et le Q, qui dans la nouvelle appellation portent le nom de *ke*, peuvent alors être désignés séparément ; il en est de même des lettres E et H, qui toutes deux s'appellent *he* ; par ce moyen l'instituteur peu clairement dire à ses élèves, que l'orthographe du mot *Franklin*, exige un K et non un C ou un Q ; qu'après le premier A de *Dahlia*, il faut une H et non un E ; et qu'après l'A de *Caen*, il faut un E et non une H.

Notre prononciation explicative ou figurée diffère de celle des divers lexicographes (c), en ce que nous y maintenons la valeur élémentaire des lettres, et que nous ne reconnaissons que quatre voyelles combinées, *ai*, *au*, *oi* et *ou* ; les lettres cumulées *æ* ne forment point une voyelle combinée, puisqu'elles ne présentent jamais que le son de l'E, et que l'O est toujours dormant. Les voyelles cumulées *eu* ne présentent alternativement qu'un E ou qu'un U sonore, tandis que l'autre voyelle est dormante, comme dans *il eut*, *à jeun*, *deux*, *œufs* (d) ; *ain* et *ein* dans les mots *étain*, *dessein*, ne sont équivalents de *in* que parce que l'*a* et l'*e* sont dormants.

Les tildes qui se placent les uns au-dessus, les autres au-dessous des lettres, n'occasionent dans l'écriture aucune confusion : cette augmentation de signes, est peu sensible à l'œil, ainsi que l'on s'en convaincra par l'extrait d'une idylle de Racine, entièrement tildée, qui se trouve à la suite des tableaux.

Notre travail est divisé en trois parties : la première, uniquement destinée aux instituteurs, peut être qualifiée de *Théorie* ; elle fait connaître tout ce qui est relatif, 1.º à l'*écriture des voix* ; 2.º à la *valeur des tildes* ; 3.º à la *syllabisation* ; 4.º à la *valeur des lettres* avec leurs tildes ; 5.º à quelques détails sur l'*enseignement*.

La seconde partie, intitulée *Grand Syllabaire*, se compose de divers tableaux répartis en cinq classes : 1.º *alphabet* et voix non tildées ; 2.º *syllabes non tildées* et citations choisies; 3.º *valeur des lettres* et des tildes: (on y a joint un tableau indiquant le nom et la valeur des lettres et comparant leur forme ainsi que leurs qualifications de *fortes*, de *faibles* et d'*équivalentes*); 4.º *syllabes complexes* et citations tildées: 5.º *bizarreries de l'orthographe*. On ne considère dans ces tableaux que les syllabes qui composent les mots.

La troisième partie doit être présentée aux élèves comme tout autre livre classique ; nous la qualifions de *Lecture courante* : elle traite, 1.º de la *ponctuation* et des *pauses* ; 2.º de la *quantité des syllabes* ; 3.º des *élisions* et des *liaisons* ; 4.º des *lettres euphoniques* ; 5.º des *homonymes* et de leur classement ; 6.º de l'*écriture tildée*, du *latin* et de quelques *noms étrangers* dont l'orthographe actuelle ne peut indiquer la prononciation.

Les syllabaires sont ordinairement terminés par des prières, des phrases usuelles, des traits historiques, etc. ; ces accessoires pourraient grossir notre ouvrage, sans être d'une absolue nécessité. Quand les élèves seront bien exercés dans la prononciation des mots isolés, ils devront passer à la lecture de l'*Écriture courante tildée*, puis à celle *non tildée*. C'est alors que, dans cette transition, pour stimuler le zèle des élèves, il faudra, par forme de récompense, mettre entre leurs mains de petits ouvrages Religieux, Historiques, Scientifiques, etc.

Notre écriture tildée se prête facilement à tous les modes d'enseignement : elle facilite l'instruction des élèves et maintient celle des instituteurs, sans contrarier leurs habitudes. Nos tildes peuvent être employés dans les manuscrits comme dans la typographie ; on peut les ajouter sur les tableaux qui existent dans les écoles : ils peuvent être substitués à la prononciation figurée, et servir à constater la situation actuelle de la prononciation.

Chaque instituteur doit, selon son système d'instruction, reconnaître l'opportunité d'expliquer à ses élèves, les notions élémentaires de la lecture. Il peut commencer par l'appellation des lettres et le *ba*, *be*, *bi*, *bo*, *bu*, ou par les voix et les articulations, ou enfin, par les mots syllabisés. Sans donner aucune préférence à une méthode plutôt qu'à une autre, nous suivrons un mode rationnel ; nous présenterons d'abord les *voyelles élémentaires non tildées* et les *voyelles équivalentes*, suivies de l'*alphabet ordinaire* : selon l'usage, nous l'indiquons avec plusieurs espèces de lettres. Nous donnons ensuite des tableaux relatifs aux *syllabes directes*, aux *syllabes inverses*, aux *syllabes closes* (Voir sect. I. art. IV), aux diverses syllabes avec *articulations simples* ou avec *articulations complexes* (Voir sect. I. art. VIII) : les nasales sont au nombre des voyelles. Les mots que nous citons pour exemples de toutes ces syllabes, sont graduellement composés de consonnes élémentaires et de consonnes inséparables ; les articulations nasales forment un tableau avec les syllabes inverses. Enfin deux tableaux réunissent les citations pour les syllabes closes, le tout *sans tildes ni accents* : les voyelles tildées, ainsi que celles qui les équivalent, forment une classe distincte. Les premiers tableaux contiendront toutes les consonnes frappant sur toutes les voyelles. Dans chaque ligne du tableau de la *valeur des tildes*, nous n'avons mis en pratique que le signe qui est au commencement de cette ligne.

Nous nous sommes exactement conformé à l'orthographe de l'Académie, ainsi qu'à la prononciation et à l'accentuation qu'elle a indiquée : ce n'est qu'à défaut de renseignements que nous avons eu recours à divers grammairiens, mais nous avons toujours eu soin de l'indiquer par un renvoi, ou seulement en écrivant par une majuscule le mot dont l'orthographe, la prononciation ou l'accentuation ne ne se trouvaient pas dans l'Académie. Notre travail eût été bien plus facile, si nous eussions pu ne consulter qu'un seul ouvrage, une Grammaire Nationale.

Tout le système de nos tildes est basé : 1.º sur la distinction des lettres élémentaires, des simples, des combinées, des équivalentes, des variables et des dormantes ;

2.º Sur le classement des voix qualifiées de simples, de nasales, de mouillées et de complexes ;

3.º Sur l'existence de consonnes inséparables ou diphthongues-consonnes, ou articulations complexes, qui facilitent la syllabisation.

On trouvera dans des Notes ci-jointes, des détails : 1.º sur le mot *tilde* ; 2.º sur les mots *syllaber* et *syllabiser* ; 3.º sur la *prononciation figurée* destinée à faire connaître les voix ; 4.º sur les deux voyelles *eu*, dont l'une est toujours dormante quand l'autre est sonore ; 5.º sur les *voix mouillées* ; 6.º sur l'*accent circonflexe* ; 7.º enfin, sur les tildes du mot

Qŭïa.

PREMIÈRE PARTIE.

THÉORIE.

Ire SECTION. — ÉCRITURE DES VOIX.

I. *Les mots sont l'image de la parole ; celle-ci est formée de l'assemblage des voix. De même les mots sont composés de syllabes, et ces dernières sont une réunion de voyelles et de consonnes, dont les combinaisons correspondent aux diverses voix. Le nombre de ces combinaisons est immense ; il s'élève, selon Saury, à 1391 nonillards. La langue française ne comporte pas un milliard de mots. Il est alors naturel de se demander : « comment se fait-il que les lettres aient été forcées de figurer avec diverses valeurs, et qu'il y ait un si grand nombre d'homonymes ? » On répondra que les mots sont créés par le besoin, et que le plus souvent les gens de lettres ne président point à leur adoption. Les combinaisons des syllabes se font avec dix voyelles et vingt consonnes élémentaires, tant simples que combinées. La liste des diverses lettres en usage forme ce qu'on appelle l'*Alphabet; *ce nom dérive des mots grecs Alpha et Béta qui désignent les deux premières lettres de cet idiome. Le rang que chaque lettre occupe dans l'alphabet, s'appelle* ordre alphabétique.

II. *Les voyelles et les consonnes s'aident réciproquement à représenter les voix, puisque chaque voyelle est toujours précédée réelle-*

ment ou fictivement d'une consonne, et que chaque consonne est également suivie réellement ou fictivement d'une voyelle. Quand il n'y a pas de consonne écrite devant une voyelle sonore, on y suppose la consonne **H**, qui y produit le même effet que l'**H** des interjections ha! hé! ho! Quand il n'y a pas de voyelle après une consonne sonore, on y suppose un Schéva ou un **E** insensible, ainsi qu'on peut le remarquer dans les mots bec, Job, mat : par suite de ces suppositions, on peut exactement comparer les voyelles à des timbres, et les consonnes à des marteaux qui agissent sur ces timbres.

III. *On appelle* voix *le son que représente une voyelle, ou plutôt le son que l'homme profère d'une seule émission. Une* voix *est* simple, *quand, lors de son émission, il n'y a aucun mouvement de la langue ni des lèvres, comme il arrive en exprimant le son des dix voyelles* a, e, i, o, u, ou, an, in, on *et* un. *En considérant les* voyelles *écrites, on les qualifie de* simples *ou* monogrames (**ML** III), *quand elles sont exprimées par une seule lettre, telles que* a, e, i, o, u; *elles sont dites* polygrames *ou* combinées, *quand elles se composent de deux ou de plusieurs lettres, comme* ou, an, in, on *et* un; *les quatre dernières sont connues sous le nom de* nasales, *parce que le son qu'elles représentent est modifié par le nez.*

IV. *Lorsque les* voix simples *sont modifiées par le mouvement de la langue ou des lèvres, on les qualifie de* voix articulées (GG 2 , 3 *et* 17), *et pour les représenter, les voyelles sont jointes à des consonnes : si la consonne est devant la voyelle , la syllabe prend le nom de* Directe *ou* Préarticulée, *comme dans les monosyllabes* la , de , fi , Pô , tu , chou , ban , lin , mon , brun. *Quand la voyelle est suivie d'une consonne comme* as , et , il , or, ut ; *la syllabe prend le nom d'*inverse *ou* Post-Articulée : *on lui donnerait le nom de* Close (CD 35) *ou d'*encadrée, *si la voyelle était précédée et suivie de diverses consonnes, comme* bas , met , mil , cor, lut. *La* prononciation mouillée *peut être approximativement comparée à une suite d'articulations* (DL 124 : 236 : *et* GL 57), *mais il est plus simple de dire aux élèves que c'est une voix élémentaire , puisque l'écriture ne peut indiquer cette prononciation* (e).

V. *Il existe des réunions de voyelles qui représentent des sons simples déjà indiqués : ces nouvelles expressions des voix prennent le nom d'*équivalentes ; *telles sont* ai , au , oi , am , em , en , im , ym , yn , om *et* um , *qui équivalent à* e , o , an , in , on *et* un : *on les reconnaîtra dans les mots* faiseur, étau, roide, Adam, embase, enfer, impasse, thym, Syndic , nom , parfum. *L'*Y *concourt quelquefois à former des syllabes combinées , comme dans* Auraÿ, Caÿlar, paÿs; *mais alors cet* Y *est toujours tildé.*

VI. *Quand les voyelles cumulées représentent deux sons qui n'exigent qu'une seule émis-*

sion de voix, comme Dieu, fruit, oui, pion, vieux; *ces voix, ainsi que les syllabes qui les représentent, prennent le nom de* Diphthongues.

VII. *Il existe trois consonnes combinées,* 1.° *le* Ch *dont la valeur est élémentaire dans les mots* chat, chemin, chou, chut, *mais qui ne présente que deux consonnes cumulées dans* chrétien, christ, Echo, (*Voir section IV, article XIV*), 2.° *Le* Ph *qui équivaut à* f *dans* Phare, Prophète, Zéphir, 3.° *Le* W *qui a deux valeurs :* l'*Académie lui attribue la fonction d'*ou *dans* Whig, *etc. Il conserve cette valeur dans un grand nombre de mots étrangers :* Landais le *considère comme une lettre étrangère (* GL 17), *il est souvent omis dans la nomenclature alphabétique des lettres* (ML *et* MN). *La seconde valeur du* W, *est équivalente de celle du* V, *comme dans les mots* Warsovie, Weissenbourg (DA) Wimpffen, Wolodmir, Wurtemberg (DV).

VIII. *Les consonnes cumulées sont quelquefois intimement liées entre elles, comme* bl, cr, gn, str, phr, *etc., dans les mots* blé, cri, igné, stras, phrase, *etc., nous les désignons sous le nom d'*articulations complexes, *de* consonnes inséparables, *ou de* diphthongues consonnes.

IX. *Les mêmes signes devraient toujours représenter les mêmes voix* (GG 901, ML iii MN 25.), *cependant, de toutes les lettres de l'alphabet il n'y a que le* J, *le* Ph *et le* V *qui conservent toujours leur valeur élémen-*

taire ; et en outre il n'y a que le C et l'E qui aient quelques-uns de leurs changements indiqués par des signes ; les autres sont régis par l'étymologie ou par des considérations grammaticales qui toujours comportent des exceptions. Toutes les lettres sont susceptibles de devenir dormantes, à l'exception du W et des trois lettres précitées : ainsi l'A du mot taon est dormant; le B de plomb; le C de Jonc ; le Ch d'almanach ; le D de gond, etc. Sans rechercher l'origine de ces changements, nous les signalerons en faisant usage des onze premiers tildes et de quelques règles à la portée des élèves.

X. *Les onze tildes qui seront utilisés dans la seconde partie ou* Grand Syllabaire, *sont :* 1.º l'accent aigu ; 2.º l'accent grave ; 3.º l'accent circonflexe ; 4.º la cédille ; 5.º l'apostrophe ; 6.º le point moniteur ; 7.º le tréma ; 8.º le tilde dormant ; 9.º le tilde bref ; 10.º le tilde mouillé ; 11.º le tilde tersé : ce dernier signale la troisième valeur de l'U et de l'X.

XI. *Les vingt-cinq lettres de l'alphabet sont toujours écrites dans l'ordre qui suit :* a, b, c, d, e, f, g, h, i, j, k, l, m, n, o, p, q, r, s, t, u, v, x, y *et* z. *Outre ces lettres, il existe encore dix-neuf lettres combinées :* ai, au, ay, oi, ou, am, an, em, en, im, in, om, on, um, un, ym, yn, ch, ph *et* w.

Nous avons déjà signalé quelles étaient les lettres élémentaires et celles qui étaient équivalentes, nous ferons actuellement remarquer, que in *a cinq autres nasales équivalentes*, em, en, im, ym *et* yn. *Nous reconnaîtrons d'autres lettres équivalentes quand nous nous occuperons des lettres tildées.* (*Voir le tableau de la valeur des lettres*).

IIe SECTION. — VALEUR DES TILDES.

I. *L'accent aigu se met sur l'*E *fermé, comme dans* régénéré ; *nous le plaçons aussi sur l'*I *et sur l'*Y *, quand ils se combinent avec l'*A *pour former l'équivalent de l'*E *fermé, comme dans les mots* aímé, Caÿlus.

II. *L'accent grave se met sur l'*E *ouvert, comme dans* procès ; *il sert aussi à distinguer quelques homonymes, comme* là *adverbe, de* la *article ;* où *adverbe, de* ou *conjonction, etc.; nous l'employons sur l'*I *et sur l'*Y*, quand ils se combinent avec l'*A *pour former l'équivalent de l'*E *fermé ; l'*E *qui se joint à ces deux voyelles, est toujours dormant ; les mots suivants présentent des exemples de ces voyelles cumulées :* délaì (NP 10), démangeaìson (GL 35), Tournaỳ.

III. *L'accent circonflexe est conservé avec toutes ses attributions, sans y faire aucune modification* (f).

IV. *La cédille se met sous le* C *, quand il fonctionne comme* S *devant les voyelles* a, o *et* u ; *ce qui a lieu dans* çà, leçon, reçu. *Nous employons la cédille sous les lettres* S, T, X *et* W, *quand leurs valeurs élémentaires* *sont adoucies, comme dans* présence, transit, xavier.

V. *L'apostrophe sert à indiquer l'élision d'une voyelle* (D 86.) *comme on le voit dans les mots* c'est, l'argent, qu'il, s'impose ; *nous en faisons encore usage pour signaler la prononciation des deux mots* en'ivrer, en'orgueillir, *qui se prononcent comme s'il y avait deux* N, *la première nasale et la seconde articulée* (D 645, 648). *Cette prononciation est naturellement indiquée par l'apostrophe qui, graphiquement, isole la préposition* en *du mot auquel elle est jointe, ce qui indique sa nasalité ; cette apostrophe indique aussi l'élision comme dans les premiers mots cités ci-dessus.* (*Voir sect* IV *art.* VIII,)

VI. *L'usage veut qu'on mette un point sur l'*I *et le* J ; *nous plaçons ce signe sous les lettres* c, e, g, u *et* x *quand elles prennent la fonction du* g, *de l'*a, *du* k, *de l'*ou *et du* z, *comme dans les mots* second, femme, gangrène, lingual, sixain.

VII. *Le tréma se place* (D 880) *sur les trois voyelles* e, i, u, *lorsqu'elles doivent se détacher de la voyelle qui précède, ou de celle qui suit, comme dans* ciguë, ïambe, naïf, poëte, Saül. *Dans ces circonstances nous reconnaissons trois espèces de tréma, l'*initial, *le* médial *et le* final. *L'*initial *se place sur l'*I *qui n'est précédé d'aucune autre voyelle, comme dans* Briare, ïota, tablier. *Le mé-*

dial a lieu quand la voyelle tréma est précédée d'une autre voyelle et suivie d'une lettre quelconque, comme dans haïr, Païen, (*Voir sect. IV art. IX*) Saül. *Le tréma final existe sur l'E qui termine les mots* besaiguë, ciguë, exiguë : *cet* E *final est toujours dormant, il ne sert qu'à faire prononcer l'*U *long* (GG 82), *ce n'est donc qu'un signe et non un accent* (GG 964 GL 188).

VIII. *Le trait d'union, tiret ou division, s'emploie :* 1.° *à la fin d'une ligne quand le mot n'y est pas fini ;* 2.° *quand il unit deux mots qui sont censés n'en faire qu'un, comme dans* plain-chant ; 3.° *pour indiquer la liaison des lettres euphoniques, comme* soyez-en, viendra-t-il ? *nous le plaçons sous les lettres qui sont dormantes comme dans* Caen, Saône, thème.

IX. *Le tilde bref fort usité dans la poèsie latine, s'emploie rarement en français* (GG 71 TP 327), *il indique les voyelles brèves. Ce signe n'a pas de nom propre, nous l'emploierons pour indiquer la première voyelle d'une diphthongue comme* bĭen, fĭole, pŏème, tŭile.

X. *Les deux points se placent* (D 446) « à « *la fin d'une proposition dont le sens gram-* « *matical est complet, mais qui a une liaison* « *nécessaire avec la suivante.* » *Nous le mettons sous les consonnes* L *et* N *lorsqu'elles coopèrent à une prononciation mouillée, comme* *dans* agneau, gril, fille, *ces points prennent alors le nom de tilde mouillé.*

XI. Le tilde tersé a pour objet de désigner la troisième valeur de l'U et de l'X dans album, soixante. *L'Académie emploie le mot tersé* (**D 831** :) *pour désigner une opération faite pour la troisième fois, tel qu'un troisième labour.*

III. SECTION. — SYLLABISATION.

I. Pour déterminer quelles sont les lettres d'un mot, qui se groupent pour former une syllabe, nous poserons en principe :

1.º *Toute voyelle dormante est absolument nulle pour la syllabisation. L'*H *dormante peut s'interposer dans les diphthongues consonnes sans les désunir, comme dans* rhythme.

2.º *Les consonnes initiales ainsi que les finales, ne forment jamais qu'une seule articulation.*

3.º *Le trait d'union laisse toujours les mots dans toute leur intégrité, ainsi dans* arrière-petite-fille *il y a trois mots à syllabiser séparément.*

4.º *Les voyelles combinées ainsi que les diphthongues sont considérées ne former qu'une seule lettre, comme dans les mots* ils jouaient, mieux, oui, ils voient.

5.º *Quel que soit le nombre des voyelles cumulées sans interposition de consonnes, elles ne représentent jamais plus de deux voix, comme dans* ils voyaient.

6.º *Quel que soit le nombre des consonnes médiales cumulées sans interposition de voyelles écrites, elles ne coopèrent jamais à plus de deux articulations, comme dans* pamphlet.

7.º *Les voyelles ainsi que les consonnes groupées, sont séparables ou inséparables ; les lettres accolées* ai, au, ou, bl, ch, cr, scr, *etc., sont inséparables : la totalité de cette espèce de lettres, est comprise dans ·la première colonne du tableau de la valeur des lettres.*

II. *Ces Préliminaires bien compris, nous établirons les trois règles ci-après.*

1.º *Les voyelles séparables représentent deux voix, et par conséquent forment deux syllabes, comme* créé, maïs, nouûre, Royauté ; *mais il n'y a qu'une syllabe dans les mots* bĭen, foŭet, *ils* loŭaient.

2.º *Toute consonne entre deux voyelles, forme toujours une syllabe directe avec la seconde voyelle, comme dans* age, éffilé, ipécacuana, oubli ; *à moins que cette consonne ne soit nasale, comme dans* enivrer.

3.º *Dans les consonnes médiales cumulées, il n'y a que la première qui puisse être séparable et sonner à la suite de la voyelle qui précède ; toutes les autres consonnes frappent sur la voyelle qui suit, comme dans* amplitude, ophthalmie, ·Kamtschatka, ponction, *qui se syllabiseront* am pli tu de, oph thal mie, Kam tschat ka, pon ction. *Dans la syllabisation des·mots* criér, pays, *il faut supposer*

l'i repété comme s'il y avait cri ier, pai is,
(*Voir Sect. V art. XIV*).

————

IV. SECTION.—VALEUR ET USAGE DES LETTRES ET DES TILDES.

I. *Les* voyelles *sont* sonores *ou* dormantes *dans les mots, selon qu'elles coopèrent ou non, à la représentation des* voix. *La* prononciation mouillée *ne peut être indiquée que par approximation, elle est du ressort de la tradition orale ;* l'I *,* l'L *et* l'N *servent à indiquer cette prononciation ; nous signalons les deux consonnes, en mettant deux points au-dessous :* l'I *mouillé équivaut à deux* I, *il est indiqué par un tréma : le premier jouit de la plénitude du son élémentaire ; le second qui est bref, forme diphthongue avec la voyelle qui suit, comme dans* ïambe, oublïer, *qui se* syllabiscront i ïam be, ou bli ïer (*Voir Sect. II art. VII*).

II. *Le* J, *le* Ph *et le* V, *sont les seules lettres invariables* (*Voir Sect. I art IX*), *toutes les autres changent plus ou moins souvent de valeurs :* l'Y *a neuf fonctions ;* l'E *cinq ;* l'U *et* l'X *quatre ; les lettres* C, G *et* I, *chacune trois ; les lettres* A, L, M, N, O, S, T *et* W *chacune deux ; enfin, les consonnes* B, Ch, D, F, H, K, P, Q, R *et* Z *n'ont qu'une fonction ; elles peuvent devenir dormantes, ainsi que* A, C, E, G, I, L, M, N, O, S,

T, U, X *et* Y *dont nous venons d'indiquer le nombre des changements.*

III. *Toute lettre non tildée conserve sa valeur élémentaire à l'exception : 1.º du* C *et du* G *suivis de* E, I *ou* Y ; 2.º *de l'* E *et de l'* M *nasals ; 3.º des voyelles combinées* ai, au, oi *et* ou (*Voir Sect. IV art..XIII*).

IV. *Toute syllabe est réellement ou fictivement composée d'une consonne et d'une voyelle. Les consonnes finales. d'un mot et en général toute consonne sonore qui n'est pas suivie d'une voyelle écrite, présente une syllabe physique* (ĞL 69), *c'est-à-dire une consonne qui frappe sur une voyelle fictive* (*Voir Sect. I art. II*) *que nos organes font entendre quoiqu'elle ne soit pas écrite ; cette voyelle fictive est désignée sous le nom de* schéva *ou d'* E insensible.

V. *La valeur élémentaire du* C *et du* G, *est celle que nous leur connaissons dans* calcul, concours, ciguë, goguenard, gourgane. Le C *et le* G *sont doux ou équivalents de l'* S *et du* J, *quand ils sont suivis des voyelles* E, I *ou* Y, *comme dans* ceci, cyprès, généalogic, gypse (*c*). .

VI. *Quoique les* lettres dormantes *ne coopèrent point à la représentation des voix*, *cependant les voyelles* A, E *et* U *dormantes, placées après le* C *ou le* G, *conservent à ces consonnes la valeur qu'elles auraient, si ces voyelles étaient sonores, ainsi qu'on le remarquera dans* accueil, africain, cerceau, geolier, gueule, gui : *il en est de même de l'* H *dormante après le* C *élémentaire, comme dans* chyste, orchestre (*Voir article XV ci-après*).

VII. *Dans les* voix nasales, *l'*E *élémentaire prend toujours le son de l'*I, *comme dans* Agen, ancien, Mendès. *L'*E *non accentué n'est initial d'une syllabe, que dans les nasales, et quand il est suivi de la voyelle* U, *comme dans* empire, enfin, Europe, il eut. *L'*E *grave n'est jamais final d'un mot, et l'*E *circonflexe n'est initial que du mot* être.

VIII. *L'*M *nasale est toujours l'équivalente de l'*N *nasale ; l'*M *et l'*N *sont toujours nasales quand elles forment une syllabe inverse, à moins que ces consonnes ne soient précédées d'une voyelle grave qui alors doit toujours être accentuée : ces deux circonstances se rencontrent dans les mots* Abrahàm, Adam, ambe, àmmoniac, ènnéagone, examen, hymèn. *L'*M *et l'*N *suivies d'une autre consonne sonore sont toujours nasales, comme dans* Candi, dindon, fente, monture ; *dans* hanneton, hennir, innocent *la première* N *est dormante.* L' *Académie veut que dans les mots* enivrer, enorgueillir, *l'*N *soit censée redoublée et que la syllabe initiale soit nasale ; pour indiquer cette prononciation, il nous suffira de mettre un point moniteur sous l'*E *initial, et une apostrophe après l'*N : *nous écrirons donc* en'ivrer, en'orgueillir, (*Voir sect. II art. V*).

*Si l'on voulait faire sonner l'*E *initial comme celui de* ère, *il suffirait de mettre un accent grave sur l'*E, *alors l'*N *perdant sa nasalité, irait naturellement frapper la voyelle de la se-*

conde syllabe. Enfin , si on voulait prononcer anivrer, *on se bornerait à mettre un point moniteur sous l'E initial d'*enivrer, *tout cela découle des règles déjà établies.*

IX. *Deux voyelles cumulées dont la première est brève, forment toujours une diphthongue comme dans* bŏis , cĭel , frŭit , pŏèle, rŏide, rŏuage. *Les diphthongues peuvent former la première syllabe d'un mot, sans qu'elles soient précédées d'une consonne écrite ; cela se voit dans* ŏie, ŏiseau, ŏuest, y̆euse, y̆ole. *Les voyelles* A *ni* E *ne forment jamais la brève d'une diphthongue. Quand l'antipathie des voyelles ne suffit pas pour faire connaître qu'il ne peut y avoir de diphthongue, alors on met un tréma sur la seconde voyelle, ce qui est indispensable quand ces voyelles sont quelquefois combinées , comme* laïque, Saül, païen : *l' Académie met un tréma sur l'*I *de ce dernier mot ; mais sa prononciation serait mieux déterminée avec le tilde bref ; car ce signe annonce une diphthongue à former avec la voyelle qui suit , tandis que le tréma indique seulement que l'*I *doit être détaché de l'*A *qui précède ; si on publiait les règles de la syllabisation , on pourrait prononcer* pa i en , *ainsi que quelques personnes ont affecté de prononcer* o u i *au lieu de* ŏui.

L'usage indique un tréma sur des voyelles qui pourraient s'en passer, tel que Ciguë , Maëstricht : *le tréma sur l'*E *de* ciguë *avertit que*

l'U est sonore tandis qu'il est dormant dans
figue; *mais en se rappelant que toute lettre
non tildée conserve sa valeur élémentaire, on
devrait se borner à supprimer le tréma de* ciguë
*et mettre un tilde dormant sous l'*E, *on écrirait
alors* cigue. *Le tréma de l'*E *de* Maëstricht

*nous paraît n'avoir aucun effet pour la pro-
nonciation. Les dissyllabes qui résultent de
l'antipathie des sons, n'ont besoin d'aucun
signe, tels sont les mots* Baal, chaos, gluant,
Léopard, péage.

X. *L'*I *tréma équivaut à deux* I : (*Voir
sect. II art. VII*). 1.° *quand il est la première
des voyelles de la syllabe ou qu'il est le premier des voyelles cumulées, comme dans* ïonique; 2.° *quand il se trouve entre deux voyelles,
et qu'il sert d'appui à la première : cette règle
peut s'appliquer aux mots* ïonique, hïer,
Qüïa, Réqüïem, *et à tous ceux dont l'*L *ou
l'*R *d'une diphthongue consonne s'appuie sur
un* I *suivi d'une autre voyelle, comme* crïard,
oublïer, prïorité, Trïumvir (*g*).

XI. *Deux points placés sous l'*L *ou sous
l'*N *des voix mouillées, suffisent pour signaler
cette prononciation (*e*) : quand dans ces syllabes, l'orthographe veut y maintenir des lettres
qui n'y fonctionnent point, ces dernières doivent être affectées du tilde dormant : ainsi la
prononciation des mots* ail, avril, bataillon,
cueille, aiguille, groseillier, Pardalhan, Sully,
agneau, dignité, oignon, bagne, châtaignier,
rognure, *sera indiquée très-exactement, en*

les tildant comme il suit : ail, avril, bataillon, cueille, aiguille, groseillier, Pardalhan, Sully, agneau, dignité, oignon, bagne, châtaignier, rognure : *cette prononciation sera figurée approximativement par* a lĭe, a vri lĭe, ba ta lĭon, cue lĭe, ai gui lĭe, gro sé lĭer, Par da lĭan, Su lĭi, a nĭau, di nĭi té, o nĭon, ba nĭe, châ tai nĭer, ro nĭu re.

XII. *La voyelle combinée* ai *prend sur son* I *l'accentuation des* E *qu'elles représente :* ainsi *on mettra un accent aigu sur l'*I *de* faísant, laítage ; *et un accent grave sur l'*I *de* faìre, laìt. *On en usera de même pour* œ *du mot* œdème. *L'*Y *prendra sur ses branches les tildes des* I *auquel il équivaut.* (*Voir art.* XIX *ci-après*). *Quand l'*Y *est sans tilde, il équivaut à l'*I *simple.*

XIII. *Les voyelles cumulées* oi *ont trois différentes fonctions :* 1.° *quand l'*I *n'est pas accentué et que l'*O *est tildé bref,* elles *prennent le son d'*oa, *comme dans* bŏis, pŏids, sŏie.

2.° *Quand l'*O *n'est pas tildé bref et que l'*I *seul est accentué, alors ces deux voyelles sont combinées et équivalent à un* E. *Si la voix devait être grave, comme dans* roide, *on mettrait un accent grave sur l'*i *et on écrirait* roìde.

3.° *Si l'*I *étant grave, il devait former diph-*

*thongue avec l'*O *qui le précède*, *on se borne-*
rait à mettre un tilde bref sur ce dernier et
alors rŏìde *se prononcerait* rŏède, *il en est*
de même des mots coiffe, poil, voisin, *etc.*

L'Académie fait quelques observations sur
l'orthographe des mots avoine *ou* aveine *et sur*
ceux de roide *ou* raide *sans indiquer celle qui*
est à suivre ; elle ne dit absolument rien sur les
*autres prononciations d'*oi, *d'où l'on pourrait*
conclure qu'il n'y en a qu'une seule, cependant
tous les Grammairiens reconnaissent deux
prononciations à cette diphthongue.

Nous nous conformerons à l'usage, et dans
le syllabaire nous indiquerons les diverses va-
*leurs d'*oi, *comme* è, *comme* ŏa *et comme* ŏè.

XIV. *Les consonnes combinées* Ch, *for-*
ment une articulation élémentaire dans les
mots chacun, cher, chiche, choc; *mais dans*
les mots choléra, chiragre, écho, *elles ne pré-*
sentent plus que deux consonnes cumulées,
dont la première est le C *élémentaire, et la*
seconde une H *dormante; les derniers mots*
que nous venons de citer, pourront donc être
tildés choléra, chiragre, écho, *et leur pro-*
nonciation ne présentera plus rien d'embar-
rassant.

XV. *Les consonnes* C *et* G *ont une valeur*
accidentelle dans Czar, drachme, gangrène,
second, *on les signalera avec le point moni-*
teur; placé sous le C, *il avertira qu'il fonc-*
tionne comme un G, *et sous le* G, *il prévien-*
dra qu'il a la valeur du K. *Nous écrirons*

donc Czar, drachme, gangrène, second, *et*
nous prononcerons Gzar, draghme, Kangrè-
ne, segond.

XVI. *Les consonnes* S, T, X *et* W *sont*
cédillées quand elles adoucissent leur valeur
élémentaire et qu'elles fonctionnent comme Z,
S, GZ *et* V, *ce qui a lieu dans* balsamine,
pétition, Xercès, Wagram, *qui se pronon-*
cent balzaminc, pétision, Gzercès, Vagram.

Quand le W *forme la finale des voyelles*
cumulées d'une syllabe, il équivaut à un U
(D 264) *ce qui a lieu dans* Braunaw, Newton, newtonien ; *quoique cette règle soit bien*
précise, le W *équivalent de l'*U *sera indiqué*
par un point moniteur, ainsi nous écrirons
Braunaw, Newton, newtonien (*d*).

XVII. *Outre la valeur élémentaire et la va-*
*leur adoucie de l'*X, *elle prend encore deux*
autres valeurs : 1.° *elle fonctionne comme* S
dans Bruxelles, dix, soixante, *cette troisième*
valeur est signalée par le tilde tersé (*Voir*
sect. II *art.* XI.) *On écrira donc* Bruxelles,
dix, soixante, *et on prononcera* Bruselles,
dis, soisante.

2.° *L'*X *fonctionne comme* Z *dans* deuxiè-
me, sixain, sixième, *ce que nous indiquerons*
avec le point moniteur : ainsi on écrira deu-
xième, sixain, sixième, *que nous prononce-*
rons deuzième, sizain, sizième. *On écrit*
maintenant dizain, dizaine (D 558) ; *il est à*

désirer que l'on puisse bientôt adapter cette orthographe aux autres mots de cette espèce.

XVIII. *L'U peut prendre successivement la fonction de l'O ou de l'OU, il peut encore devenir nasal ainsi que dormant. Nous considérons que la valeur élémentaire de l'U, se trouve dans les mots* lugubre, questure, unité; *sa prononciation nasale existe dans les mots* chacun, à jeun, emprunt. *Les mots* décorum, dé Profundis, Sund, *présentent la troisième valeur de l'U; ils se prononcent* décorom, dé Profondis, Sond; *et seront indiqués par le tilde tersé,* décorum, dé Profundis, Sund.

Nous emploierons le point moniteur pour signaler la quatrième valeur de l'U dans les mots aquarelle, lingual, quatuor, *qui se prononcent* aqouarelle, lingoual, qouatuor. *Ces U qui font partie de diphthongue, doivent être affectés du tilde bref et rien ne s'oppose à ce qu'ils aient en même temps, un tilde supérieur et un tilde inférieur, l'E du mot* indemnité *se trouve dans une position semblable.*

XIX. *L'Y équivaut tantôt à un* I, *tantôt à deux* I *qui conservent les valeurs que nous leur avons reconnues, articles X et XII ci-dessus. En tildant les branches de l'Y, les mots* azyme, dynastie, Marly, Mayènne, yole, Caylar, Auray, fuyard, rayon, paysan, quayage, thym *et* bey, *s'écriront* azyme, dynastie, Marly, Mayenne, yole, Caylar,

Auraỳ, fŭỹard, raỹon, paÿsan, quaÿage, thym *et* bey : *ils se prononceront* azime, di-nastie, Marli, Maïenne, ïole, Caílar, Auraì, fuïïard, raïïon, paìisan, quaïïage, thim *et* bé.

XX. *Les lettres dormantes sont affectées du tilde dormant, nous avons indiqué les circonstances dans lesquelles elles conservent quelque utilité (Voir art. VI ci-dessus).*

XXI. *Beaucoup de mots ont une double orthographe et par suite une prononciation qu'on pourrait qualifier de flottante, tels que :*

Almicantarat.	Almucantarat.
Aveine.	Avoine.
Basilicon.	Basilicum.
Caroube.	Carouge.
Daurade.	Dorade.
Fabricien.	Fabricier.
Gaieté.	Gaîté.
Lambruche.	Lambrusque.
Machecoulis.	Machicoulis.
Nécromant.	Négromant.
Poèle.	Poile.
Raide.	Roide.
Sacramentalement.	Sacramentellement.
Thorachique.	Thoracique.
Vermicel.	Vermicelle.

Il serait bien à désirer qu'il n'y eût qu'une manière d'écrire le nom d'une même chose et qu'une manière de l'appeler : lorsqu'il n'y a que la valeur des lettres qui change, nous avons indiqué le moyen d'écrire la véritable prononciation en attendant que toute incertitude disparaisse.

___

V. SECTION. — ENSEIGNEMENT.

I. *L'instituteur adopte le mode d'enseignement pour lequel il a le plus d'aptitude : il doit aussi se décider sur ce qu'il croit le mieux convenir à ses élèves; mais quelle que soit sa méthode, il doit s'assurer que son élève ou ses élèves, savent distinguer leur main droite de leur main gauche ; le haut, du bas d'une page ; le recto, du verso d'un feuillet ; le commencement, de la fin d'une ligne, etc.*

II. *Quand il enseigne à ses élèves, il doit prononcer très-distinctement et faire sentir chaque voix : il doit faire remarquer la différence d'une voix simple, à une voix articulée, et celle qui existe entre les voix gutturales, les nasales, et les mouillées ; ces détails doivent faire l'objet de la première leçon qui doit avoir lieu, pour ainsi dire à livre fermé.*

III. *Dans chaque classe les leçons se divisent selon que l'instituteur le juge convenable et chaque partie s'étudie par procédés ou exercices.*

IV. *Les élèves réunis écoutant avec attention, et ayant tous leurs livres ouverts à la première page ; ou bien étant tous placés devant le premier tableau, l'instituteur ou le moniteur dit :*

1.° **HA** *et en même temps il montre le carac-*

tère A *qui représente cette voix : aussitôt tous les élèves profèrent ensemble cette même voix.*

2.° *L'instituteur montre la lettre* A *, et sur le champ les élèves prononcent tous ensemble , la voix* HA.

3.° *L'instituteur profère* HA *, et un des élèves, qu'il désigne, montre dans son livre, ou sur le tableau, la lettre* A *qui représente cette voix.*

V. *Ce mode convient à un , comme à plusieurs élèves ; l'instituteur doit en faire usage pour tout le syllabaire , ayant soin de ne point suivre de routine , surtout pour le troisième exercice , afin de s'assurer que ses leçons ont été bien entendues.*

VI. *Ces exercices conviennent aux syllabes , aux mots et aux phrases : il ne peut se présenter aucune difficulté tant qu'il s'agit de la valeur élémentaire des lettres.*

VII. *L'institituteur ayant réuni les élèves qui passent de la seconde à la troisième classe, il les prévient que les lettres ont , outre leurs* valeurs élémentaires *, des* valeurs accidentelles; *qu'elles peuvent devenir* dormantes; *qu'elles présentent des* voix complexes *ou* diphthongues ; *il leur explique la* prononciation mouillée.

VIII. *Quoiqu'il importe peu à la lecture que toutes les articulations régulièrement possibles , soient ou non pratiquées ; l'instituteur pourra cependant faire remarquer à ses élèves , que beaucoup d'articulations n'ont jamais lieu ; qu'on ne voit jamais celle du* J *et de l'*I;

que celle du Q et de l'U élémentaire n'existe que dans piqûre, et dans les mots où l'U forme diphthongue, comme dans équilatéral, questure, etc. : car on doit déjà faire sentir la nécessité de connaître quelles lettres on emploie pour écrire certains mots. Après avoir donné une idée des valeurs accidentelles des lettres, l'instituteur devra faire valoir l'importance des signes qui avertissent de ces changements.

IX. Ces préludes terminés, après avoir disposé ses élèves devant les tableaux, ou après avoir vérifié si leurs livres sont ouverts à la même page, il procédera comme il a été pratiqué pour les deux premières classes.

X. S'il s'agit de syllaber les mots, il existe une difficulté dans ceux qui ont un Y équivalent à deux I : on ne peut la surmonter qu'en répétant l'I selon le tilde que porte chaque branche de l'Y. S'il faut épeller le mot paysan : l'instituteur dira, pé ha hi *grave*; pè; hi *simple*; hi; èse *cédillée* ha ène, zan; pé hi zan *ou* paï i san.

XI. Si ces premières notions étaient uniformes, il est certain que la génération qui s'avance, ignorerait la différence qui existe entre les diverses prononciations, et les accents provinciaux feraient place à l'accent national : mais attendons tout du temps.

XII. Les élèves étant exercés sur tout ce qui est dans les attributions des troisième et quatrième classes, il ne reste à étudier qu'une espèce de récapitulation dans laquelle on passera en revue toutes les difficultés qui se sont présentées jusqu'à ce moment, afin d'affermir les élèves sur tout ce qui leur aura été enseigné.

XIII. *Voilà le moment où ceux qui ont écouté avec fruit, les leçons de leur maître, seront jugés capables de passer dans une classe supérieure : voilà le moment de leur faire envisager les avantages de lire dans de gros li*vres ; *d'étudier dans le* Catéchisme ; *de suivre dans l'*Eucologe *les chants de l'*Église ; *de lire des* histoires récréatives ; *et toutes les choses auxquelles ils peuvent être sensibles. Cette émulation bien soutenue peut faire faire des progrès surprenants, et faire regretter aux paresseux d'avoir mal employé le temps.*

XIV. *Quoique la troisième partie ait pour objet tout ce qui est relatif à la* quantité des voix *et à leur* orthographe, *cependant le maître doit de suite, habituer ses élèves à appuyer sur les syllabes longues ; il doit aussi en montrant à écrire, faire observer l'orthographe, mais sans parler des règles auxquelles elle est assujétie : il doit surtout faire sentir combien il est important de ne pas employer une lettre l'une pour l'autre, puisqu'une très-grande quantité de mots qualifiés d'*homony*mes, changent de signification par l'addition ou la suppression d'une seule lettre et même d'un accent. Un des moyens les plus efficaces pour que les élèves puissent facilement de graver dans leur mémoire l'orthographe des mots, c'est de les exercer à appeler les lettres qui existent dans chacun.*

———

NOTES EXPLICATIVES.

(*a*) Renvoi de la page 9.

Le mot accent *a diverses acceptions ; on dit l'*accent national, provincial, grammatical, oratoire, prosodique, tonique, *etc. Il en est de même du mot* signe : *on dit* signe de croix, signe du zodiaque, signe dans le ciel, signe sur la peau, signe de vie, *etc.* Mme *Dupuis grossit le nombre de ces acceptions, en considérant l'*M *et l'*N *nasales comme de véritables accents* (NP 79) : *on pourrait aussi qualifier d'accents l'*a, *l'*e, *l'*h *et l'*u *quand ils ne servent qu'à adoucir ou à conserver la valeur élémentaire du* C *et du* G, *ce qui arrive dans les mots* berceau, chiragre, gain, Lucain, orgueil, pigeon, recueil, vergeure, *etc. Ne voulant pas augmenter les embarras qui peuvent résulter des diverses acceptions des mots* accent *et* signe, *nous avons emprunté à la langue de l'Europe la plus régulièrement accentuée, le mot* Tilde *qui en Castillan signifie* petit signe affectant une lettre, pour indiquer une modification de la voix, ou pour signaler la différence qui existe, soit entre la valeur des lettres, soit entre celle des intonations (DE 836).

(*b*) Renvoi de l'introduction, p. 11.

Les mots syllaber *et* syllabiser *se trouvent dans Landais : le premier, dit-il, est relatif à*

*la prononciation des syllabes; et le second,
s'entend de la fixation ou de la réunion des
lettres qui composent une syllabe ; ainsi l'un a
pour objet la parole , et l'autre l'écriture. Nous
adopterons cette définition puisque l'Académie
ne dit rien qui soit en opposition , et qu'elle ne
mentionne que les trois mots* syllabaire, syllabe *et* syllabique.

(*c*) Renvoi de l'introduction , p. 14 et 15 de
la section **IV** art. **V.**

Les signes de la prononciation figurée (GL
201) *varient selon l'auteur qui en fait usage.
On rencontre quelquesfois dans le même ou
vrage , deux manières de représenter la même
articulation ; ainsi pour indiquer une consonne
finale sonore , on voit tantôt cette lettre rester
seule , tantôt elle est suivie d'un* E *insensible ,
et tantôt elle est redoublée : comme* rom *et*
romb *pour* rhum *et* rumb; reteintome *et*
tranzite *pour* retentum *et* transit; *enfin* Dé
profondiss *pour* dé profundis. *On voit encore
tantôt* in *pour* ain *et* ein , *dans* étin *pour* étain
et éteint; *et tantôt* ein *pour* in , *comme dans*
décein *et* pein *pour* Dessin *et* pin. *L'emploi
des consonnes* C , K *et* S , *présente également
de grandes variations , mais toutes ces diffé-
rences ont lieu , sans que la prononciation en
soit moins bien indiquée. La prononciation figurée dont nous faisons usage , est restreinte
à indiquer les voix correspondantes aux syl-*

*labes tildées : cette convention une fois établie,
les tildes suffisent pour indiquer la prononciation de tous les mots français. Nous avons
voulu que cette écriture des voix fut dérivée
de notre système, dans lequel : 1.º chaque
lettre conserve sa valeur élémentaire, à moins
de signe indiquant le contraire : 2.º toute voix
est représentée au moins fictivement par une
consonne et une voyelle ; dans notre prononciation figurée, nous n'admettons aucune lettre
dormante. Le C ayant quatre différentes fonctions, comme dans les mots* calcul, ceci, fa-
çade, second ; *nous avons préféré le* K *au* C
*dur et l'*S *au* C *doux : le* K *n'a qu'une fonction, et l'*S *n'en a que deux, comme dans les
mots* kan, son, visage.

L'appellation du G *est indiquée par* Jé *et
non par* Gé, *parce que le* J *n'a qu'une fonction, et que le* G *a trois différentes valeurs ;
une valeur élémentaire, comme dans* galon,
argo, guttural, goulu ; *une valeur adoucie
comme dans* généalogie, gypse ; *enfin la valeur du* K *dans* gangrène. *D'ailleurs les grammairiens n'étant point d'accord et l'orthographe de cette appellation étant différente pour
l'écriture usuelle, nous avons préféré l'orthographe la plus rationnelle. La valeur élémentaire du* G *est dure, il faut donc une convention spéciale pour y déroger et lui donner ac-
cidentellement une valeur équivalente à celle
du* J ; *cependant cela se rencontrerait, si l'on
écrivait* Gé *pour représenter le nom du* G *tel
qu'on l'entend prononcer dans la première syl-*

labe de Géant ; *au lieu qu'en prenant pour exemple la première syllabe de* Jésus , *on ne fait pas intervenir une règle exceptionnelle pour indiquer l'appellation élémentaire du* G.

Quant à la manière de représenter la valeur élémentaire du G *nous considérons que l'usage de l'*H *est plus rationnel que l'emploi de l'*U , *notre opinion s'appuie principalement sur ce que autrefois on écrivait* maghnésie (NP 123) *ce qui indiquait alors que les deux consonnes* G , N , *étaient sonores. Dans cette circonstance l'*U *ne peut remplacer l'*H *qui représente une aspiration plus ou moins prononcée ; il est même impossible de reconnaître à l'*U, *aucune participation sonore à la représentation des voix dans les mots* bague, béguin , *autrement il faudrait ajouter un* U *aux mots* Garde , Gond. *Mais en ne considérant que la prononciation figurée , si on admet l'*U *pour indiquer la prononciation du* G *dur, alors les mots* cagot, ciguë, drogue, igné, lingual , *s'écriront* caguot , ciguuë, droguue, iguné, linguual , *à la vue de cette écriture , on s'apperçoit de suite des inconvénients qu'elle entraîne:* si au contraire , on admet l'H *pour signaler la prononciation du* G *dur, nous écrirons* caghot, cighuë, droghe, ighné, linghual, *ce qui est en parfaite harmonie avec la valeur élémentaire des lettres , avec leur nouvelle appellation et avec la prononciation réelle.*

Ces détails doivent suffisamment motiver notre prononciation figurée.

(d) Renvoi de l'introduction, p. 15.

Les deux voyelles cumulées eu *ne présentent point une voix élémentaire, elles sont alternativement dormantes quand aucun signe n'indique le contraire ; c'est pourquoi les* e *de* castoréum, Muséum, réunion, *sont accentués. Les deux voyelles* eu *étant habituellement accolées, on s'est persuadé qu'elles étaient non seulement inséparables, mais encore nécessaires l'une à l'autre. Si nous confrontons les mots* peu, que, *on y voit les voyelles* eu *dans un ordre réciproquement inverse ; elles font entendre une même voix mais différemment articulée par le* P *et par le* Q. *Si on retranchait l'U du mot* que *et si on remplaçait le* Q *par l'équivalent* K ; *on trouverait que* K̄e *et* Que *représentent exactement un même son : nous en conclurons que l'U n'est point nécessaire aux mots* peu *et* que, *et qu'en les écrivant* pe *et* ke, *l'oreille entendra toujours le même son.*

Comparons maintenant des mots écrits par eu, *avec d'autres écrits par un* e *seul, tels que :* le jeu que je veux ; je ne veux que ce jeu, je ne me meus que peu : *ces monosyllabes donnent le même son à l'e ainsi qu'à l'eu ; on pourrait donc écrire :* le jē ke je vē ; je ne vē ke ce jē ; je ne me mē ke pē, *sans que l'oreille pût remarquer d'autre différence que celle de la quantité. Catineau et plusieurs autres grammairiens reconnaissent que l'eu de* jeu, peu,

veux, *ne présente que le son de l'e élémentai-*
re : Herpin, dit (MN 27 :.) qu'il y a douze
manières de représenter la voix eu, *parmi*
lesquelles on trouve les mots écueil, jeu, œil,
retenir, *il n'est donc pas étonnant que les*
monosyllabes précités ne présentent aucune
différence. Mais supposons que ces raisonne-
ments et ces autorités ne puissent convaincre :
voici un autre argument basé sur ce que Dar-
bois dit (DD 136), eu *a le son de* es *dans*
les mots Charles, Nantes, *vous* redites,
Troies, *etc. Il est évident que l'S finale de ces*
mots ne coopère en rien à la voix de leur der-
nière syllabe, et qu'on ne changerait pas la
prononciation, en écrivant Charle, Nante,
vous redite, Troie, *etc. On peut donc sup-*
primer l's des finales es : *alors on dira* eu
a le son de e, *ce qui mathématiquement ne*
peut être, sans que l'u d'eu, soit égal à zéro.
On est donc forcé de reconnaître que eu, *a le*
son de l'e élémentaire, et que l'orthographe
seule maintient ces deux lettres réunies.

Il y a moins d'opposition pour reconnaître
la nullité de l'e : dans les mots à jeun, gageure, *il* eut, *qui ne font entendre que la*
voyelle u. *Ces mots présentent donc l'e dor-*
mant et l'u sonore, tandis que nous avons vu
plus haut, que dans accueil, orgueil, peu,
l'e est sonore et l'u est dormant. Les deux
voyelles eu *ne sont donc jamais combinées,*
et quand l'e n'est pas accentué, chacune de
ces voyelles est sonore quand l'autre est dor-
mante.

(*e*) Renvois de la sect. I art IV, et de la
sect. IV art. XI.

*La prononciation mouillée est traditionnelle.
L'Académie (D 237) laisse à désirer sur cet
article. Landais (GL 57) dit : « C'est à nous
« d'orthographier de notre mieux, cette infer-
« nale prononciation, car personne ne la fait
« sonner d'après les lettres qui servent à l'é-
« crire » Mme Dupuis dit (NP 138) « Cette
« prononciation toute française, a besoin d'un
« maître pour être comprise, la langue écrite
« se refusant à toute explication satisfai-
« sante ». Mais quel est le maître qui fera
comprendre cette prononciation quand il existe
quelque diversité dans les opinions. En étu-
diant les articulations mouillées, tant en
Français qu'en Espagnol et en Italien, nous
nous sommes convaincu que les syllabes mouillées, écrites avec une ou deux L, devaient
se prononcer très-approximativement comme
lïe et que celles qui avaient le Gn mouillé devaient se prononcer nïe : qu'enfin toute lettre
sur laquelle le mouillé ne s'appuyait pas, était
dormante. En effet, les Espagnols ainsi que
les Français font usage de l'N mouillée,
mais dans toute l'Espagne on ne se sert
point du G, on ne fait usage que d'un tilde
placé sur cette consonne, comme dans Buñol,
Logroño, Peñiscola, Réquéña, etc. Le G
ne fonctionne donc point pour exprimer la
voix mouillée. Cela est si vrai que la seconde*

syllabe de miniature *qui n'a pas de* G *, se prononce comme celle* signature. (*) *Nous ajouterons que le* G *ne précède jamais l'*L *mouillée des mots* avril, fille, Pardalhac *, quoique les Italiens le placent toujours avant l'*L *mouillée de* Biglia, Figlio (NP 133) *qui se prononcent* Bì ĭa, Fì ĭo. *L'*L *et l'*N *sont donc les seules lettres qui sont nécessaires pour exprimer approximativement une articulation mouillée, les autres sont dormantes.*

(*f*) Renvoi de la sect. II art. III.

L'accent circonflexe n'indique point uniquement les voyelles longues (D 321); *il se met principalement sur les voyelles restées longues après la suppression d'une lettre, comme dans* âge, blâme, fête, gîte, *etc., qui s'écrivaient* (GL 189) aage, blasme, feste, giste, *etc.: l'accent circonflexe se place encore sur les mots qui ne sont pas longs, mais qui ont une lettre de supprimée, tels que* hôtel, gaîté, rôti (NP 58); dû, mûr, sûr, *qui s'écrivaient* deub, meur, seur (GG 189) : *quelques grammairiens mettent l'accent circonflexe sur* crû, tû, (GG 957); *mais l'*Académie *les écrit sans accent. Les mots* hôtel, gaîté, rôti *et leurs derivés qui présentant une syllabe aigue marquée d'un accent circonflexe, doivent former exception comme*

(*) « L'N mouillée et l'N non mouillée, sont regardées par les poètes « comme des lettres identiques » (DF 426). Cette phrase indique l'N comme signe principal de cette articulation mouillée.

dû , mûr, sûr ; *dans la troisième partie nous indiquerons le moyen de signaler ces syllabes longues. L'E circonflexe n'est compris dans cette seconde partie que comme équivalent de l'E grave.*

(g) Renvoi de la sect. IV art. X.

Pour se convaincre de la rationalité des tildes du mot Qŭïa ; *il faut se rappeler :* 1.º *que toute voyelle tildée brève doit se lier avec celle qui suit , et former diphthongue ;* 2.º *qu'une voyelle tréma doit se prononcer séparément de la voyelle qui précède ;* 3.º *que les voyelles cumulées ne peuvent représenter que deux voix au plus : en conséquence , l'*Ŭ *bref de* Qŭïa *doit se lier avec l'*I *tréma qui suit ; et cet* I *doit former une seconde syllabe avec l'*a *final : pour satisfaire à ces deux exigeances l'*I *de* Quïa *doit donc fonctionner comme ceux des autres mots précités, ïonique, hïer, crïard, oublïer, prïorité. Le mot* reqŭïèm *se tilde comme* Qŭïa, *en observant de mettre un accent grave sur le dernier* E *, (Voir sect. IV art. VIII).*

ERRATA.

Page 8, *ligne* 26, des paroles et de leur écriture, *lisez*, de la parole et de l'écriture.

Page 9, *lignes* 2 et 3, DES PAROLES ET DE LEUR ÉCRITURE, *lisez*, DE LA PAROLE ET DE L'ÉCRITURE.

Page 11, *ligne* 26, quantité, *lisez*, diversité.

Page 13, *ligne* 4, l'écriture, *lisez*, la même écriture.

Page 13, *ligne* 24, *ajoutez*, 3.° Que pour indiquer la prononciation il faut déterminer la syllabisation, parce que les voix qui sont les éléments de la parole, sont représentées par des syllabes.

Page 14, *ligne* 24, *après le mot* signes, *ajoutez*, un seul pour la seconde partie et les quatre autres pour la troisième.

Page 15, *ligne* 32, l'extrait d'une idylle de Racine, *lisez*, la copie d'une fable de Lafontaine.

Page 16, *ligne* 10, voix, *lisez*, syllabes.

Page 16, *ligne* 24, *ajoutez*, 7.° Les abréviations les plus usitées.

Page 16, *ligne* 30, l'écriture courante, *lisez*, l'écriture ordinaire.

Page 17, *ligne* 27, forment un tableau avec les syllabes inverses, *lisez*, observent la même graduation.

Page 17, *ligne* 31, qui les équivalent, *lisez*, qui ont des valeurs accidentelles.

Page 18, *ligne* 2, Valeur des tildes, *ajoutez*, ainsi que dans celui de l'usage des lettres et des tildes.

Page 18, *ligne* 8, l'indiquer, *lisez*, les indiquer.

Page 24, *ligne* 6, de la valeur des lettres, *lisez*, de l'usage des lettres et des tildes.

Page 25, *ligne* 3, *ajoutez*, Donawert, Waux-hall.

Page 25, *ligne* 20, U et X, *lisez*, U, W et X.

Page 25, *ligne* 21, de l'Ou et du Z, *lisez*, de l'U, de l'Ou et du Z.

Page 25, *ligne* 23, lingual, sixain, *lisez*, lingual, landaw, sixain.

Page 29, *ligne* 3, XIV, *lisez*, X.

Page 29, *ligne* 14, mouillé indiqué, *lisez*, mouillé.

Page 29, *ligne* 25, G et I, *lisez*, G, I et W.

Page 29, *ligne* 26, S, T et W, *lisez*, S et T.

Page 30, *ligne* 2, T, U, X, *lisez*, T, U, W, X.

Page 40, *ligne* 21, instituteur, *lisez*, instituteur.

XVI TABLEAU.

LETTRES ÉLÉMENTAIRES.

GOTHIQUES majuscules	GOTHIQUES minuscules	ITALIQUES	APPELLATION	VALEUR	GOTHIQUES majuscules	GOTHIQUES minuscules	ITALIQUES	APPELLATION	VALEUR
A	a	*a*	ha	ha	M	m	*m*	hème	me
An	an	*an*	han	han	N	n	*n*	hène	ne
B	b	*b*	bé	be	O	o	*o*	ho	ho
C	c	*c*	sé	ke	On	on	*on*	hon	hon
Ch	ch	*ch*	che	che	Ou	ou	*ou*	hou	hou
D	d	*d*	dé	de	P	p	*p*	pé	pe
E	e	*e*	hé	he	R	r	*r*	hère	re
F	f	*f*	hèfe	fe	S	s	*s*	hèse	se
G	g	*g*	jé(*)	ghe	T	t	*t*	té	te
H	h	*h*	hache	he	U	u	*u*	hu	hu
I	i	*i*	hi	hi	Un	un	*un*	hun	hun
In	in	*in*	hin	hin	V	v	*v*	vé	ve
J	j	*j*	ji	je	X	x	*x*	hikĕse	kse
L	l	*l*	hèle	le	Z	z	*z*	zède	ze

LETTRES DIVERSES.

ÉLÉMENTAIRES	ÉQUIVALENTES	VALEUR
c	k q(1)	ke
f	ph	fe
i	y (2)	hi
in	{ im ym / em en / yn }	hin
ou	W (3)	hou

ANALOGIE DE FORME DANS LES LETTRES.

GOTHIQUES	{ B C F G a c f g i n	D E L O v c t z r u }
MAJUSCULES	{ A B C D E K I M N O	V R G P F R L W X Q }
MINUSCULES	{ b c h i n p r v b l s	d e k j u q t x h t z }
LETTRES	{ faibles B D J V Z Ce Ge	fortes P T Ch F S Ca Ga }

(1 et 2) Ces trois lettres s'appellent *ka, ku* et *hi grec.*

(3) L'académie n'indique pas le nom du W, elle ne lui attribue que la valeur de OU.

(*) Voir la note C.

TILDES		APPELLATION.	LETTRES TILDÉES.	VALEUR.	CITATIONS PAR SYLLABES TILDÉES.
(´) ·		accent aigu.	aí aý é	hé	Caý lar, é bé té, laí ta ge.
(`)		accent grave.	aì aỳ è	hè	Au raỳ, Cèr bè re, laìt.
(^)		accent circonflexe	Sur les syllabes longues et sur quelques brèves.		bât, rôt, gaî té, rô ti. (1)
(¸)		cédille.	c	se	fa ca de, le con, re cu.
	(·)	idem.	s	ze	ca sa que, dé sert, tran sit.
	(·)	idem.	t	se (2)	fa cé tie, mar tial, pé ti tion.
	(·)	idem.	x	gheze	e xis ter, he xa mè tre, Xa vier.
	(·)	idem.	w	ve	Waux-hall, Wei mar, Wol fram
(')		apostrophe.	Voyelle élidée, ou liaison à faire.		j'a voue, l'or, m'en' i vre.
(·)		point voyelle.	i, j	hi je	ju bi lé, ra jeu ni.
	(·)	point moniteur	c	ghe	Czar, drac hme, se cond.
	(·)	idem.	e	ha	en cens, fe mme, in dem ni té.
	(·)	idem.	g	ke	gan gré neux.
	(·)	idem.	h	hou	A qua rè lle, lin gual, qua tu or.
	(·)	idem.	x	ze	deu xiè me, di xiè me, si xain.
	(·)	idem.	w	hu	Brau naw, new to nien.
(··)		tréma.	Sur les voyelles médiales et finales.		ci guë, o vo ï de, Sa ül.
	(··)	tréma.	Sur l'I initial des voyelles cumulées.		crï er, ï am be, prï o ri té.
(-)		trait-d'union.	Entre les lettres et entre les mots.		a-t-il, ce lui-là, cerf-vo lant.
(—)		tilde dormant.	Sous les lettres dormantes.		Caen, fe mme, nu que, pont.
(˘)		tilde bref.	Sur la première voyelle diphthongue.		fũi te, lĩeu, Ma ўe nne, ўo le.
(:)		deux points.	Pause dans une phrase.		•(Voir la ponctuation, 3.e partie.)
	(:)	tilde mouillé.	Sous L et N mouillées.		ba il, fi lle, pi gnon.
	(ℛ)	tilde tersé. (3)	u	bo	al bum, dé pro fun dis, Sund.
	(ℛ)	idem.	x	se	Aix, dix-neuf, soi xan te.

(1) Voir la note e. — (2) Le T équivalent du S, est toujours suivi d'un I diphthongue. (3) L'académie (D 33;) emploie le mot Tersé pour désigner une troisième fois.

LETTRES.	VOIX.	CITATIONS PAR SYLLABES TILDÉES.
a	ha	a do ra ble, a li bi, a va ri ce.
e	ha	em bû che, fe mme, rem pli.
a	…	ao ris te, bain, Saô ne.
ai	he	bien fai sant, fai seur.
aí	hé	*je* Bé che raí, é taí, mi ne raí.
aì	hè	faì san, graì ne, maì re.
aî	hé	gaî ment, gaî té.
aî	hè	aî né, chaî non, faî ta ge.
am	han	am bre, lam bris, pam phlet.
an	han	A le xan dre, dan se, fan fa re.
em	han	em bâ ter, pé remp toi re.
en	han	en can, pen te, sen ti ment.
àm	hamĕ	A bra hàm, àm nis tie.
em	hamĕ	in dem ni té.
àn	hanĕ	àn na te, An no nay.
au	ho	au bé pi ne, Lau sa nne.
aw	ho	Brau naw, Brès law, Bris gaw.
aỳe	hè	Blaỳe (DL).
b	be	ba ga tè lle, bé ca sse.
b	bĕ	ab ste nir, Ja cob, ob jet.
b	…	a bba tial, à plomb, Doubs.
bb	bĕbe	gib beux, gib bo si té.
bl	bĕle	blan chir, blou se, sa ble.
br	bĕre	bra vou re, ca bri, bro che.

LETTRES.	VOIX.	CITATIONS PAR SYLLABES TILDÉES.
c	ke	ca ba ret, cai sse, co car de.
	kĕ	bouc, mic-mac, suc, tac.
ch	ke	a na cho rè te, Mel chi se dech.
c	ghe	Cza ri ne, drac hme, se con de.
k	ke	ka mi chi, Gen gis kan, Kelh.
q	ke	cinq, pi qû re, qŭés tu re.
c	se	ce ci, cein tu re, cy près.
c	se	de cà, ma con, re cù.
c	…	blanc, es tò mac, jonc.
cc	kĕse	ac ce ssoi re, oc ci dent.
chr	kĕre	chré tien, chro ma ti que.
cl	kĕle	cla bau der, cler gé, clo che.
cr	kĕre	crain te, cri mi nel, cru di té.
ch	che	cha ton, che min, chi mè re.
sch	che	Scha ffou se, sché rif, schi ste.
ch	…	al ma nach.
d	de	da te, dé di ca ce, di man che.
	dĕ	Bag dad, Da vid, La med.
d	…	blond, noi raud, Ma drid.
dd	dĕde	ad di tion, ad duc tion, ed da.
dr	dĕre	a dre sse, ca dran, drô le.
e	he	de man de, Eu re, Ve ni se.
ai	hĕ	fai seur, *je* Fai sais (NP. 15).

LETTRES	VOIX.	CITATIONS PAR SYLLABES TILDÉES.
eu	he	a veu, jeu, é meut, peu.
œu	he	bœuf, dé sœu vré, nœud.
e	ha	fe mme, so le nnel.
é	hé	é bé té, fé dé ré, ré gé né ré.
aí	hé	Aí cre ba (DL), A laí ser, *il* A vaít.
aî	hé	gaî ment, gaî té.
œ́	hé	œ́ dè me, œ́ no mel, œ́ so pha ge.
è	hè	èr mi te. lè mme, mèr lan.
aì	hè	Faì sant, maì re, traìt.
oì	hè	roì de.
ê	hè	a pprêt, bê ler, gê ne, tê te.
aî	hè	aîné, fraî cheur, traî tre.
e	...	a go nie, Caen, ci guë, sein.
em	hin	Lem berg, sem pi ter nel.
en	hin	A gen, e xa men, Men dès (DL).
im	hin	bim be lot, im ber be, lim be.
in	hin	cin tre, in di ca tif, min ce
ym	hin	cym ba le, lym phe, tym pan.
yn	hin	lynx, syn co pe, syn ta xe.
èm	hèmĕ	Bet hlé èm, Jèm ma ppes.
èm	hamĕ	in dèm ni té. (*)
em	han.	dé cem bre, em pha se, mem bre.
en	han	cen dre, en fant, men ton.

(*) L'Académie et Catineau prononcent *indàmnité*, Landais et Lemare prononcent *indèmnité*; Chapsal admet ces deux prononciations.

LETTRES.	VOIX.	CITATIONS·PAR SYLLABES TILDÉES,
èn	hènĕ	Dé cèn nal, gra mèn, hy mèn.
f	fe	ca fé, dé fi, fa tal, fu gue.
	fĕ	chef, da tif, lof, œuf.
ph	fe	al pha bet, phos pho re, phil tre.
f	…	a ffai re, bœuf-gras, clef.
fl	fĕle	fla geo let, sou fle, flo tte.
fr	fĕre	fra cas, fri tu re, frus te.
g	ghe	a ga te, ca got, dé goû té.
	ghĕ	Ag de, Bug, dog me.
c	ghe	Czer ni kof, se con der.
g	ke	gan grè ne.
g	je	â ge, gé né a lo gie, pi geon.
g	…	bourg, doigt, ha reng, vingt.
gg	ghĕghe	Cou ag ga, sug ge stion.
gl	ghĕle	ai gle, gla ne, gli ssa de, glo be.
gr	ghĕre	a ggra ver, cha gri né, gru me.
h	he	ha bleur, hé ler, honte, hu ne.
h	…	ba ccha nal, dé han ché, rhu me.
i	hi	ci li ce, in di vi si bi li té, pi pe.
y	hi	cy mai se, dy nas tie, ly re.
i	…	nei ge, pei ne, rei ne, sei ze.
ï	hihĭ	hï er, ï am be, ï o ni que.
	hihĭ	ché vrï er, dé plï é, Qüï a.
ў	hihĭ	a ppuў é, loў al, po lў è dre.

LETTRES.	VOIX.	CITATIONS PAR SYLLABES TILDÉES.
iĭ	hihĭ	A lli ĭons-*nous*, Dé fi ĭez-*vous*.
ii	hihi	Di i po lies, Ic hty i the.
im	hin	brim ba le, im pie, Sim plon.
em	hin	Gro nem bourg, Mem phis.
en	hin	an cien, Ben ga le, Den dri te.
in	hin	dé clin, in car né, in dex.
ym	hin	nym phe, sym pa thie, thym.
yn	hin	la rynx, syn dic, syn thè se.
ìm	himĕ	I bra hìm, ìm mor tel, Sé lìm.
ìn	hinĕ	ìn na vi ga ble, ìn né, ìn no mé.
j	je	ad ja cent, Jé sus, Jo seph.
g	je	a gent, gi ra fe, gyp se.
k	ke	ka o lin, ko ran, kur tchis.
k	kĕ	Bo rack (DF 56), Lu beck, Yorck.
c	ke	a ca dé mie, co ca sse, fa cul té.
ch	ke	ba ccha nal, cho lé ra, li chen.
g	ke	gan gre ner.
q	ke	é qui ta tion, pi qû re, quar ti di.
k	.	Bo kking.
kl	kĕle	Fran klin.
kr	kĕre	Kreut zer, Krèm lin.
l	le	la che té, le vain, lit, lu trin.
l	lĕ	al bran, car tel, para sol.
l	lĭe	a vri l, dé ta il, flo ti lle.[(*)]

(*) Les lettres I et L sont indiquées dormantes parce qu'elles ne sonnent pas dans la syllabe dont elles font partie. La lettre G est également dormante devant l'N mouillée.

LETTRES.	VOIX.	CITATIONS PAR SYLLABES TILDÉES.
l	...	Ar nould, Hé rault, Mé ne hould.
ll	lĕle	col li sion, il lu stre, syl la be.
m	me	ma tiè re. mo ment, mu le.
m	mĕ	in té rim, Jé ru sa lem, rhum.
m	ne	am bre, com ble, par fum.
m	...	ar de mment, gra mme.
mm	mĕme	am mon, im mor tel, mam mi fer.
n	ne	na geur, Né rac, no vi ce.
n	nĕ	ab do men, al der man, Tarn.
m	ne	am bi gu, im pur, Om pha le.
n	nĭe	mi gnar der, si gne, tei gne.
n	...	a nneau, *ils* chan tent, to nne rre.
nn	nĕne	an ne xe, con né xi té, in né.
o	ho	a bo nné, dos, or tho gra phe.
au	ho	au tel, dau be, nau sée.
aw	ho	Brau naw, Lan daw, Pa ssaw.
u	ho	punch, Sund, Yung.
o	...	Craon, faon, Laon, paon.
oi	hè	roi de.
oi	hŏha	bŏis, gri vŏis, pŏids, sŏie.
oi	hŏhè	a bŏi, mŏi ne, rŏi de, vŏi sin.
om	hon	com ble, dom pter, prompt.
on	hon	bon ban ce, con cert, rond.
un	hon	de pro fun dis, jun te, punch.

LETTRES	VOIX	CITATIONS PAR SYLLABES TILDÉES.
òm	homĕ	Ep sòm, òm ni vo re.
ùm	homĕ	lau da nùm, mu sé ùm, o piùm.
ou	hou	cou de, fou dre, mou ton.
u	hou	a qua ti que, é qua teur, quartz.
w	hou	Wans bek, Wind sor, Wom bat.
p	pe	pa pe, pé ni ble, pu ri ste.
	pĕ	A lep, cap, ja lap.
p	…	a ppas, ba ptis mal, com pte.
pl	pĕle	pla nè te, re pli, tem ple.
pp	pĕpe	ap pen di ce, ap pé ter.
pr	pĕre	pra ti que, pré lat, pro duit.
ph	fe	am phi bie, a po stro phe.
	fĕ	Jo seph.
f	fe	ca fé, fa con, ré for me.
phl	fĕle	pam phlet, phleg me, phlyc tè ne.
phr	fĕre	phra se, phré né sie, Phry gie.
q	ke	é que stre, pi qû re, qua tu or.
	kĕ	cinq, coq.
c	ke	ca ble, cou ra ge, cu ré.
ch	ke	ba cchan te, tec hni que.
g	ke	gan gré neux.
k	ke	fa kir, Kam tschat ka, Pé kin.
q	…	cinq-cent, coq-din de.

LETTRES.	VOIX.	CITATIONS PAR SYLLABES TILDÉES.
r	re	a ra be, dé ri ve, ré gal, Ru sse.
	rĕ	Bar-le-duc, dur cir, pour tour.
rh	re	a rrhes, Rhin, Rho des, rhum.
r	…	bê ler, cha rron, mo nsieur.
rr	rĕre	er reur, hor ri ble, ir ri ga tion.
s	se	sa tin, se mi, si rop, sourd.
	sĕ	a lo ès, Cré sus, Mo mus, vis.
c	se	a ci de, Cin ce ne lle, cy me.
c	se	ar con, for cat, per cu.
sc	sĕke	Sca pin, scor pion scul ptu re.
sc	sĕce	sus cep ti ble, sus ci ter.
sc	se	sceau, sci ssu re, scy ta le.
ss	sĕse	A bys si nie, trans su der.
s	ze	be sa ce, di se tte, me su re.
s	…	a bus, Char les, les, mo des.
t	se	ca pi ta tion, nu ptial, sa tié té.
x	se	Au xè re, Ca dix, soi xan te.
t	te	a tte la ge, bé ton, ca ta rac te.
	tĕ	brut, dot, fat, lest, sept.
th	te	a thé née, By thy nie, thê me.
t	se	cap tieux, dic tion, pro phé tie.
t	…	de vant, ins tinct, mar mot.
tl	tĕle	a tlan ti que, a tlas, a thlè te.

LETTRES	VOIX.	CITATIONS PAR SYLLABES TILDÉES.
tr	tĕre	cou tre, pol tron, tri bu ne.
tt	tĕte	At ti que, Cot ta be (DL 497).
u	hu	a du ler, brû lu re, fu ron cle.
eu	hu	ga geu re, *ils* eu rent, ver geu re.
u	…	deux, ple urer; se ule.
um	hun	hum ble, par fum.
un	hun	à jeun, dé funt, em prunt, un.
um	hon	um bi lic, um ble.
un	hon	de pro fun dis, Sund.
ùm	homĕ	gé ra niùm, mi niùm, rhùm.
u	hou	al gua sil, lin gual, Lu xor.
w	hu	Brau naw, Bris gaw, Span daw.
v	ve	va leur, vé ri té, vi si ble.
w	ve	Wal lons, We sel, Wil na, Wol ga.
vr	vĕre	ché vron, pau vre, vri lle.
w	hou	Wa ha bis, West-fri se, wisk.
ou	hou	oua illes, ouest, ouir, our se.
w	ve	Waux-hall[1]; Wen ces las, Worms.
w	hu	Bris gaw, Bres law, lan daw.
w	…	New ton, New Yorck.
x	{ kĕse	an ne xe, é li xir, ta xa tion.
	{ kĕsĕ	bo rax, in dex, Pol lux.

[1] Voir la seconde régle de la syllabisation. Darbois supprime le trait d'union.

LETTRES.	VOIX.	CITATIONS PAR SYLLABES TILDÉES.
x	ghĕze	Xa vier, e xer gue, e xhul ter.
x	se	Aix, Bru xe lles, coc cyx, dix.
x	ze	deu xiè me, di xiè me, si xain.
x	...	a fflux, cru ci fix, vi traux.
y	hi	a zy me, Clé ry, mar tyr.
i	hi	ci vil, di vi ni té, li vi de.
ў	hĭ	hўa cin the, Lўon, ўo le.
	hĭ	ba ўa dè re, Ca ўe nne, Ma ўe nne.
ý	hí	Caý lar, Caý lus.
ỳ	hì	Au raỳ, Cer naỳ, Lai ssaỳ.
ym	hin	sym pho nie, tym pa non.
yn	hin	La rynx, syn thè se.
ỳm	himĕ	hỳm ne.
ÿ	hihĭ	a ppuÿ é, fuÿ ard, roÿ al.
ÿ	híhĭ	Maÿ et, quaÿ a ge.
ÿ	hìhi	a bbaÿ s, paÿ sa ge, paÿ san.
ÿ	hìhĭ	ba laÿ u re, fraÿ eur, raÿ on.
y	...	A vèy ron, Bèy, Ta lley rand.
z	ze	a ze ro le, bi za rre, zinc, zo ne.
	zĕ	biez, Au ster litz, gaz, Suez.
x	ze	deu xiè me, di xiè me, si xain.
z	...	a ssez, chan tez, nez, riz.

Bizarrerie de l'orthographe.

ardent,   constant,   hydraulique.

ardemment,   constamment,   hydrolique.

autèl,   catéchisme,   bout en bout,   son fils.

hôtèl,   catéchisér,   bout-en-train,   les fils.

ils couvent, cloué,   cil,   héroïde, maïs.

le couvent, enroŭé, sourcil, rŏide,   mais.

Jésus-Christ, les lis,   S.ᵗ Roch, nain.

Le Christ,   les fleurs de lis,   un   roc,   naïf.

chargeure,   gageure,   il eut,   à jeun.

chargeur,   gageur,   jeu, que, veut.

ènnemi,   ennobli, èrreur, innovér, saule.

en'arrhér,   en'ivrér, tèrreur, innocent, Saül.

damné,   sempitèrnél, èxigence, Pau, le Pô.

indèmnité, rédempteur, èxigeant, peau, pot.

éqŭitatïon, qŭésture, Maÿènne, bénitïér.

équitable, quéstïon, Maÿét,   initïer.

minïature, maëstral, tranquille, transi.

signature, Maëstricht, quille,   transit.

·FABLE.

Le Satyre èt le Passant.

Au fond d'un antre sauvage.
Un Satire èt sès enfans
Allaìent mangér leur potage
Èt prendre l'écŭèlle aux dents.

On lès eut vus sur la mousse
Lŭi, sa femme, èt maint petit:
Ils n'avaìent tapis ni housse,
Maìs tous fort bon appétit.

Pour se sauvér de la plŭie,
Entre un passant morfondu;
Au brouèt on le convie,
Il n'étaìt pas attendu.

Son hôte n'eut pas la pèine
De le semondre deux fòis.
D'abord, avèc son halèine,
Il se réchauffe lès dŏigts.

Pŭis, sur le mèts qu'on lŭi donne,
Délicat, il soufle aussi.
Le Satyre s'en étonne :
Notre hôte ! à quŏi bon ceci ?

L'un réfrŏidit mon potage,
L'autre réchauffe ma main.
Vous pouvéz, dit le Sauvage,
Reprendre votre chemin.

Ne plaìse aux Dĭeux, que je couche
Avec vous, sous même tŏìt.
Arrĭère ceux dont la bouche
Souffle le chaud èt le frŏìd.

Remplir les blancs, plier et faire parvenir à l'Auteur, ou à M. Monnoyer, imprimeur, ou à M. Etienne Dupuy, libraire, rue Royale, n.° 4, hôtel du Commerce, au Mans.

Je soussigné (1)   *demeurant*
à (2)   *commune de* (3)
département de (4)   .   *déclare souscrire pour* (5)
       exemplaires de la THÉORIE *du* Parfait Accord de la parole et de l'écriture.

       Le (6)   *du mois de* (7).   1838.

       (8)

Je soussigné (1)   *demeurant*
à (2)   *commune de* (3)
département de (4)   . *déclare souscrire pour* (5)
       exemplaires du GRAND SYLLABAIRE *du* Parfait Accord de la parole et de l'écriture.
       Le (6)   *du mois de* (7)   1838.

       (8)

---

(1) Mettre ses noms et qualités ; — (2) le nom de la demeure ; — (3) le nom de la commune ; — (4) le nom du département ; — (5) le nombre d'exemplaires ; — (6) la date du mois ; — (7) le nom du mois ; — (8) la signature.

N. B. Le PARFAIT ACCORD DE LA PAROLE ET DE L'ÉCRITURE est divisé en trois parties ; 1.° la Théorie ; 2.° le Grand Syllabaire ; 3.° la Lecture ordinaire. La première partie et quatre des tableaux de la seconde sont insérés dans le Bulletin de la Société royale d'Agriculture Sciences et Arts du Mans.

La Théorie est indispensable aux instituteurs et à tous ceux qui veulent non seulement faire usage du Syllabaire, mais encore connaître comment avec onze signes ou plutôt comment avec un seul signe ajouté aux anciens, on peut indiquer exactement la prononciation.

Le Grand Syllabaire est le livre des élèves ; il est divisé en cinq classes qui présentent un ensemble de vingt-sept tableaux.

Le prix présumé, par exemplaire, est, pour la Théorie, de 0 fr. 50 c. et de 0 fr. 30 c. pour le Syllabaire. Ce prix pourroit être réduit si le nombre des exemplaires demandés surpassait les prévisions de l'Auteur.

L'Auteur est prêt à faire imprimer les deux premières parties, mais incertain sur le nombre d'exemplaires, il prie les instituteurs et tous ceux auxquels le Parfait Accord de la parole et de l'Ecriture peut être utile, de renvoyer le plutôt possible la présente souscription avec les blancs remplis.

Imprimerie de Monnoyer.

A Monsieur

Monsieur Étienne Dupuy, Libraire,

rue Royale, n.º 4, hôtel du Commerce.

Au Mans.